Réserve

Ye   535

DIVERSES
POESIES DV SIEVR DE LA
ROQVE, DE CLERMONT EN
Beauuoisis, composées du-
rant son sejour à Fon-
tainebleau.

A MADAME.

A ROVEN,

Chez Raphaël du Petit Val, deuant la
grand' porte du Palais.

M. D. XCVII.

Auec Priuilege du Roy.

QVATRAIN,

A MADAME.

Par voſtre Nom diuin ces vers ambitieux
S'enuollent aſſeurez au celeſte voyage:
Car ſoubs l'ombre ſacré des Lauriers & des Dieux,
On ne craint point du temps la fureur ny la rage.

Les Amours de Pirame
ET TISBEE.

SVS acourez Amour à ma plainte esuantée
Faites venir encor Venus & Pasitée,
Les Muses que ie sers, & les Graces aussi
Escouter les regrets d'vn cœur foible & transi
Et vous que i'apperçois au premier Ciel reluire
Bel astre de la nuict qui nous pouuez conduire,
Descendant bien souuent tout plain d'affection,
Sur le chef bien aymé du ieune Endimion,
Par le son de mon Luth ou la tristesse abonde,
Faites pleurer le Ciel & lamenter le monde:
Et si ma voix arriue en ces bois gracieux
Au bords de ses ruisseaux fraiz & delicieux
Je les veux conuier arrousant la verdure
De ioindre à ma complainte vn funebre murmure
Accompagné d'Echo dont l'accent & la voix
Contera ceste histoire aux rochers & aux bois.
  O, vous gentils pasteurs plains d'apas & de flames
Qui sur l'autel de Cypre auez offert vos ames
Laissez les bois, les prez tapissez de couleurs,

A ij

Vos mirthes, vos lauriers, vos boutons, & vos fleurs,
Les riuages mollets, les claires ondelettes,
Vos dances, vos esbas, & vos douces musettes,
Et plaignez auec moy le sort malencontreux
Qui pourchassa la fin de ces deux amoureux,
Le malheureux Pirame & sa chere Tisbée
Dont la gloire & l'amour ne fust oncq desrobée:
En fin ces deux Amans dont amour fust vainqueur
Furent tousiours voisins de maisons & de cœur,
Eleuez & nourris en la grand' Babilone
Qui iadis iusqu'au Ciel esleua sa Couronne:
Tous deux nez en vn iour, & tous deux en vn temps
Finirent leur amour, leurs malheurs & leurs ans,
Trop tost, helas! trop tost, ainsi qu'on voit la rose
Qu'on arrache du tige au poinct qu'elle est esclose.
Donc, ô Ciel tout benin, plaignez ce desconfort
Maudissant l'insolence & la rigueur du sort,
Voyez si les trauaux de leur amour sanglante
Se pourroyent supporter des espaules d'Atlante.
Or la pauure Tisbee excelloit en beauté
En graces, en vertus celles de la Cité:
Comme fait se grand astre à la face cornuë,
Les estoilles du Ciel quand la nuict est venuë
Dont la douce lumiere & les rayons diuers
Commandent sur les corps de ce grand vniuers
Tout de mesme Tisbé amoureuse & gentille

PIRAME ET TISBEE.

Estoit l'astre vrayement le plus clair de sa ville:
Bref de ces doux regards imitez de Cypris
Pirame se trouua si doucement espris,
Que iamais du depuis autre beauté mortelle
Ne peut faire changer son amour mutuelle:
La prochaine demeure eut le premier pouuoir
D'allumer dans leur ame vn amoureux vouloir
Ayant eu librement du iour de leur naissance
La familiarité, l'abord, & l'accointance,
Les ans, les mois, les iours, la frequentation,
Leur donnerent tant d'heur & tant d'affection
Que chacun se sentit de iour en iour esprendre
De se feu rauissant qui ne fait point de cendre:
Leurs esprits & leurs cœurs se virent retenus
Aux rays blonds & dorez de l'enfant de Venus,
Bref il viuoit ainsi de leur amour extresme,
En fin c'estoit deux corps, mais vne chose mesme:
Vn penser continu si fort les agitoit,
Vn tant égal amour leur ame resentoit,
Qu'ils eussent desiré malgré la destinee
De presenter leur foy sur l'Autel d'Hymenee.
Afin de donner tresue à ceste passion,
Qui causoit leur desir & leur affection:
Par ainsi leur ardeur eust esté moderee
Et leur parfaite amour beaucoup plus asseuree,
Donnant tresue aux accez de deux cœurs languissans

Le ciel de leur desir les eust fait iouissans,
Mais ils ne sceurent point amolir la rudesse
De ces cruels Argus qui les gardoyent sans cesse
Helas! qui les veilloyent & les nuicts & les iours
Aussi remplis de soin que leurs ames d'amours:
Mais quoy? ces curieux sont trompez quoy qu'il tarde,
Car deux parfaits amans sont de mauuaise garde.
Ainsi donc ils souffroyent sans oser murmurer
Les tourmens que l'amour leur faisoit endurer:
Chacun secrettement cachoit en sa poitrine
L'inneuitable traict de l'enfant de Cyprine,
Chacun deux finement commandoit ses desirs
Ne laissant eschapper ny sanglots ny souspirs,
Le cœur noyé de pleurs on les voyoit sous-rire
Cachant comme vn thresor leur amoureux martire,
Ainsi du ieune Archer l'inextingible feu
Sans monstrer sa clarté les brusloit peu à peu,
Ayant ià telle force en leur tendre poitrine
Qu'on ne l'eut pas estaint des flots de la marine,
Et ne laissa dans eux, d'vn pouuoir animé,
Vn endroit qui ne fut ardamment allumé
Sans qu'on vit toutesfois sortir vne estincelle
Du ieune cœur ardant de Pirame ny d'elle.
Ce feu trop malheureux qui ce couple attaignit,
Fut allumé d'amour, mais la mort l'estaignit.
Or amour & Cypris de Venus pitoyables

De voir ainsi languir ses amans miserables
Leur monstrerent vn lieu, bien propre à ce parler,
Ou nul ne les pouuoit ouyr ni deceler
Près d'vne antique mur, la seule difference
Des maisons de ces deux qui mouroyent d'indigence:
Car depuis que l'amour rend de la passion
Il nous remplit ainsi de toute inuention,
Il nous guide par tout, il nous rend inuincible,
Et fait qu'aux vrais Amans il n'est rien impossible.
Leur amoureux propos, les chauds & longs souspirs,
Leurs pensers differens, & leurs pressez desirs,
Les miserables nuicts en tristesses passees,
Et de leur tristes cœurs les peines amassees,
Par ce chemin nouueau faisoyent paroistre assez
Quel espoir remettoit leurs esprits oppressez.
Le superbe Aquilon d'vne bouffante alaine
Desracine souuent les arbres de la plaine:
Mais leurs tristes sanglots alors auoyent pouuoir
D'esbranler vn rocher difficile à mouuoir.
Helas! combien de fois meus d'vne iuste plainte,
Ayans l'ame d'vn traict égalemẽt attainte,
Disoyent ils se voyant sans se pouuoir toucher,
O Ciel! es tu là haut vn marbre & vn rocher,
Que la griefue douleur qui trauaille nos ames,
Nos tourmens continus, nos souspirs & nos flã
Les demonstrations d'vne sainte amitié,

Ne t'aye fait sentir vn seul traict de pitié?
O grand Dieu! qui ce tout imperieux gouuerne
Depuis le firmament iusqu'au fleuue d'Auerne
Qui separe & regis l'vn & l'autre element
Donne nous ou la mort ou de l'allegement.
Helas! de nostre voix la plainte continuë
N'a-elle eu le pouuoir de trauerser la nuë?
Pour vous monstrer l'estat de deux cœurs langoureux
Les plus constans du monde, & les plus malheureux.
　Ainsi se lamentoyent ces Amans à tout' heure
Prisonniers languissans d'vne estroite demeure
Dans ce vieil mur tesmoin de leur fidelle amour,
Tant que le clair rayon & la pointe du iour
Se fichoyent dans leur cœur d'vne fureur extresme,
Se voyant separer du plaisir & d'eux mesme.
Alors ils despitoyent le iour & la clarté
Qui rauissoit leur bien & leur felicité.
　Desia la belle Aurore auoit monstré sa face.
Et l'ocieuse nuict encor luy faisoit place,
Le soucy iaunissant commençoit à s'ouurir
Poussant du beau Soleil la clarté descouurir.
Desia sortoit du nid la plaisante Arondelle
Qui du beau iour serain annonçoit la nouuelle.
Les roses & les fleurs auec vn taint vermeil
[Voy]oyent en riant les beaux yeux du Soleil.
[Lo]rs pressez du mal, qui leurs ames deuore

Ces deux

PIRAME ET TISBEE.

Ces deux ieunes Amans retournerent encore
A l'agreable endroit de l'assignation
Pour parler de leur flamme & de leur passion.
Amour s'estant armé de nouuelle puissance
Leur donna tant d'ardeur, d'esprit, & d'esperance,
D'art de sublilité, de force & de raison,
Qu'ils trouuerent moyen de sortir de prison.
   Et soudain que Phebus eut sa flamme etheree
Plongé dedans le sein de la mer azuree,
De la grande cité resolurent sortir
Esperant leur ardeur librement amortir.
   Dans vn plaisant valon seiour de Philomene
Borné d'vn pré fleury, couroit vne fontaine
Où iamais les passans des champs ny des citez
N'auoyent troublé les eaux ny les flots argentez:
Mais les petits amours, & les Nymphes des prees,
Des champs, des monts, des eaux, des forests diaprees,
Durant que le Soleil va ses feux eslançant
Dedans ces flots perlez s'alloyent rafreschissant,
Sous vn grand meurier vert, dont le fueillage sombre
Recouuroit de Ninus les reliques & l'ombre.
Et pendant que la nuict le plus obscurément
Tendoit son large voile autour du firmament,
Que le sommeil pezant, seul oubly de nos peines,
Trompoit les endormis de ses images vaines
L'amoureuse Tisbée alors ne perdit pas,

B

Ce miserable amour qui luy guidoit ses pas,
Mais sans estre de peur nullement esbranlee
Passoit forests, rochers, montaignes & valee,
Tant quelle vint au lieu que son cœur desiroit
Suiuant le bord fleury d'vn ruisseau qui couroit.
Mais comme elle auançoit à sa course derniere
Elle apperçeut au clair d'vn rayon de lumiere
Sortir vne Lyonne à pas drus & hastez,
Le muffle rougissant, les pieds ensanglantez:
Lors vne telle peur luy saisit le courage
Qu'elle changea de cœur, de voye & de visage,
Tant qu'en cest accident il se manqua bien peu
Qu'au milieu de son sein elle ne vit le feu
S'amortir au toucher du glaçon de la crainte:
Car parfois la frayeur rend vne amour estainte,
Luy ostant & la voye & la commodité,
Et bien souuent encor tiedit la volonté.
La pauurette à l'instant s'en court espouuentee
Se cacher au profond d'vne grotte escartee:
Comme le simple aigneau foible, craintif & doux,
Fuit leger & tremblant, la presence des loups.
D'autant que l'animal furieux & sauuage
Depuis peu, dans les bois ayant fait vn carnage
Vint fondre à la fontaine, & sa soif estancha,
Et puis legerement au fort se recacha,
Tout ainsi qu'vn esclair brillant à nostre veuë,

PIRAME ET TISBEE.

N'est si tost apparu qu'il se perd en la nuë.
Mais las à son retour, par vn cruel destin,
L'animal furieux trouua dans le chemin
Le voile de son chef, dont elle estoit ornee
Pour honorer Pirame du temple d'Hymenee,
Que le vent & la crainte & l'amoureux espoir
Luy auoit en courant legerement fait choir.
Soudain ceste Lyonne, orgueilleuse & superbe,
Tout sanglant & rompu le laissa dessus l'herbe.

  Helas! iniuste amour, Roy de nos volontez
Dont la diuine flamme, & les traits indomptez
Possede nos esprits d'vne douce contrainte,
Et fait aymer le coup dont nostre ame est attainte,
Puis qu'en ce ieune cœur tu estois resident
Hé! que n'empeschois tu ce cruel accident?
Par lequel, ses amans qui te voulurent suiure,
Commençant leur bon heur acheuerent de viure.

  Pourquoy donc icy bas ont il finy leurs iours
Auant que de iouyr de leurs saintes amours,
Puis qu'ils auoyent rendu à tes diuines flames
Le tribut amoureux de leurs fidelles ames,
Car pendant que chacun dormoit profondément
Il veilloit plain d'espoir & de contentement,
Et couroit sans cesser, & sans reprendre alaine
Droit au triste meurier de la claire fontaine.
Mais comme il apperçeut en mains diuers endroits

Les pas de l'animal formez au long du bois,
Et le voile sanglant de sa chere maistresse,
Dit lors en souspirant d'vn cœur plain de foiblesse.
Il est donc veritable: ô ma chere moitié!
Que pour mon seul subiet, & pour mon amitié
Vous auez en ce lieu quelque beste assouuie
De la chere beauté qui nourrissoit ma vie,
Et que ces deux beaux yeux, qui me donnoyët le iour,
Sont allez seruir d'astre à l'infernal seiour.
 O fiere destinee! ô Ciel impitoyable!
Pourquoy me priuez vous d'vn obiet tant aimable?
Receustes vous iamais de ces vrais amoureux
Que de l'obeissance & que des chastes vœux?
O Ciel! abandonné d'amour, & de clemence,
Que ferez vous à ceux qui vous ont fait offence?
 Donc, Nymphes de ces bois, roches, arbres & fleurs,
Lamentez maintenant, & pleurez mes douleurs,
Ternissez vos beautez, pour tesmoigner ma perte,
En vn habit de dueil changez la robbe verte.
Et vous, chers oysillons des forests & des champs,
Qui sçauez mon angoisse, & mes regrets tranchans,
Voletez pres de moy en ces obscurs tenebres,
Et changez vos chansons en complaintes funebres.
Et vous relique sainte enclose au monument,
Helas! reueillez vous au son de mon tourment,
Et qu'à ma triste plainte vn chacun me seconde

Si le Ciel n'a bouché les oreilles du monde.
O mort! tu nous estains en estaignant ces yeux
Le plus luisant obiet de la terre & des Cieux:
Las! tu peux maintenant esleuer vn trophee
Ayant rendu d'amour la puissance estouffee.
　Ie suis donc le subiet de son cruel trespas,
Et par mon seul conseil on la pert icy bas!
Ie l'ay doncques conduite en ce desert sauuage
Parmy les animaux plains de fiel & de rage!
Non pas pour assouuir mon desir vicieux
Mais la faim d'vn Lyon ou d'vn Ours furieux.
Hé! ne verray je pas que cest animal sorte,
Pour donner vne fin au dueil qui me transporte,
Et que celuy par qui mon bien fut deuoré
Deuore encor mon cœur qui languit espleuré.
A l'vn par cruauté ta faim osta la vie,
Au moins que par pitié la mienne en soit rauie.
　Ne pense plus, Amour, voler si glorieux
Mais ouure maintenant la bonde de tes yeux,
Las! il te faut auoir ton seul recours aux larmes,
Car la mort auiourd'huy triomphe de tes armes,
Ta trousse est espuisee, estaint est ton flambeau
Ta force & ta puissance est au fond du tombeau,
Et le trait qui rendoit nostre poitrine attainte
Fera plus de pitié maintenant que de crainte:
Perdant car auiourd'huy le pouuoir de son œil

Tu n'iras plus tout nud, mais bien couuert de dueil
Par les monts, & les bois, faisant ta plainte amere
Comme triste orphelin de puissance & de mere:
Bref tu te trouueras foible, seul, escarté,
Sans amy, sans support, & sans authorité
Tu auras seulement acablé de martire
Vn soucy pour ton sceptre, vn buisson pour empire.

 Or Venus disoit-il, s'en court de toutes pars
Pasle, triste & tremblante, & les cheueux espars,
Plaignant sa chere fille, ame sainte & celeste,
Dont le doux ris calmoit le vent & la tempeste,
Dont la seule parole vn roc amollissoit,
Et de qui le regard les ames rauissoit.

 Lors dessous le meurier auec la main tremblante
Il porta, sans tarder, la despouille sanglante
Disant, ô Ciel injuste autheur de mon ennuy,
J'espere malgré toy, de reuoir auiourd'huy
La beauté que tu m'as depuis vn peu rauie,
Ou bien ie n'auray pas de pouuoir sur ma vie:
En fin ie la suiuray malgré l'arrest du sort,
Tout semblable à l'amour se trouuera la mort,
Car apres mon trespas, quelque beste cruelle
Pourra porter ma chair & mes os auec elle.
Puis baisant mille fois pasle, morne, & transi
Ce voile ensanglanté qui le deçeut ainsi
Dit, ô desolé voile, ô despouille diuine,

PIRAME ET TISBEE.

Abreuuez vous aussi du sang de ma poitrine,
Puis qu'il est arresté par le Ciel rigoureux
Qu'auiourd'huy soit la fin de ce couple amoureux.
Las tu me verras ioindre auec mes propres armes
Mon sang auec le sien, mes pleurs auec ses larmes,
Puis acheuant ces mots, accompagné de pleurs,
S'acheua tout soudain sa vie & ces douleurs,
Se trauersant le sein de l'innocente espee
Laissant l'herbe & la terre à l'entour destrempee.
Aussi tost le ruisseau deuint tout rougissant
Du torrent qui sortoit de son sain pallissant,
Et le fruit du meurier en changea de tainture
Tesmoin de sa dolente & cruelle auanture.
Mais elle qui pendant le malheur auenu,
Malheur qui luy auoit son plaisir preuenu,
S'estoit auec la peur dans vn antre cachee,
Sans qu'elle eut de son cœur vne plainte laschee:
Puis tremblante elle sort de cest obscurité
Iettant ces tristes yeux d'vn & d'autre costé
Suiuant le seul rayon d'vne brillante estoille
Cherchoit ce que trop tost elle trouua pour elle,
Pensant que la fontaine obiet de son desir
D'eust estre en peu de temps source de son plaisir,
Helas! elle cogneut & vit à l'heure mesme
Estre source vrayement de son malheur extresme:
Elle se recogneut & dit en souspirant:

Helas! voicy l'endroit que ie voy desirant
Toutesfois elle tremble & soudain s'esmerueille
Voyant le meurier taint d'vne couleur vermeille:
Douteuse elle demeure & ne sçait que penser,
Mais l'archer qui tousiours la faisoit auancer
Droit au lieu pretendu toute morne & transie,
Pour voir son esperance & sa flame obscurcie,
Ce beau corps! mais vn marbre en la place abbatu,
Iadis si plain d'amour, d'organe & de vertu:
 Tout ainsi que l'enfant au milieu d'vn boccage
Voit passer deuant soy quelque beste sauuage
Se sent rauir la voix, aussi soudainement
Et marcher & crier ne sçauroit nullement:
De mesme luy aduint, aussi tost qu'a la veuë
Luy fut cest expectable & la mort apparuë.
Vne extresme douleur le cœur luy desroba
Sus ses tendres genoux sans force elle tomba:
Las! il faudroit, ma Muse, vne veine meilleure
Pour discourir le mal quelle sentit à l'heure.
Car ce fier accident qui la faisoit mourir,
Se peut imaginer & non pas discourir.
Se prompt saisissement ou nostre esprit s'enuolle
S'exprime en l'action, non auec la parolle.
 Puis reuenant à soy au fort de son tourment
Esleua ces hauts cris iusques au firmament,
Abandonnant son ame ses larmes écoulees

Faisoit

Faisoit trembler les monts, les bois, & les valees,
Appellant & le sort & le Ciel malheureux,
Se deschiroit sa face, & l'or de ses cheueux:
Comme si ses cheueux et ce beau sain d'albastre
Eussent esté autheurs de ce cruel desastre.
Se iettant sur le corps pasle froid & transy
Baisant sa bouche pasle, & son œil tout noircy,
Cuidant par ses baisers luy renuoyer son ame,
Disant tousiours en vain, las! respons moy Pirame,
Ouure vn peu ces beaux yeux, ce soleil de mon cœur,
Par qui le triste amour du mien se fist vainqueur:
Ou bien si tu ne peux entr'ouurir la paupiere
Escoute ma parole et ma plainte derniere,
Et premier que l'esprit s'en aille de ce lieu
Dy moy le dernier mot, & le dernier adieu.
Bien que tu sois desia hors des mains de la parque
Ne pense point passer l'Acherontide barque
Auant ta chere Tisbee, mais bien asseure toy
De ne descendre pas dans les enfers sans moy.

   Mais si ta douce vie encor n'est toute estainte
Respons mon cher Pirame à ma triste complainte,
Et ne laisse long temps durer mon desplaisir,
Si ce n'est de la voix, respons moy d' vn souspir,
Si l'ame de ce corps n'est du tout desrobee
Parle à la miserable & dolente Tisbee.
A ce nom tant aimé il desilla ses yeux

C

Regardant demy mort, son amante & les Cieux,
Tesmoignant par sa veuë auant que rendre l'ame
Auoir receu le bien de contenter sa Dame.
Aussi tost son esprit se departant du iour
S'en alla regrettant son ame & son amour.
 Elle qui vit au pres la miserable espee
Qu'il auoit dans son sang nouuellement trempee
Recogneut tout soudain, au milieu du transport
Par le voyle sanglant, le subiet de sa mort,
Et qu'il auoit iugé que sa Dame fidelle
Auoit esté repas d'vne beste cruelle:
Puis regardant sa main, luy dit ne pense pas
Emporter sur la mienne vne gloire icy bas:
Tu verras maintenant que ta chere maistresse
N'aura pas moins d'amour ny moins de hardiesse.
 Donc, ô mon cher Pirame, ô mon plus doux peser,
Hé! crois tu qu'en ce bois ie te vueille laisser?
Non, non, n'espere pas qu'apres ta mort ie viue,
Au Ciel ou aux enfers il faut que ie te suiue,
Et crois moy que la mort ne se pourra vanter
De pouuoir en mourant nostre amour surmonter:
Nos esprits assemblez par vne ardeur nouuelle
Malgré tous accidens la rendront immortelle.
Ore sans toy mon cœur i'ay le monde à desdain,
Et pour t'accompagner ie partiray soudain:
Puis qu'icy ie n'ay sçeu estre ton espousee

Ie la seray là bas dans le champ Elisee,
Ou les esprits errants de l'infernal sejour
Loüeront de nostre vie, & la mort, & l'amour.

O vous sœur d'Appollon, ô lumiere etheree,
Vous astres qui brillez dans la route azuree,
Montaignes & rochers, prez, fleuues, & ruisseaux,
Mirthes, plantes, & fleurs, arbres, fruits, & rameaux,
Et vous Nymphes des bois, des deserts & des plaines,
Qui vous rafreschissez dans les belles fontaines,
Solitaires meuriers que l'ombre obscure suit,
Fantosmes visions errants parmy la nuit,
Vallons plains de silence, & vous cauerne obscure,
Tesmoignez à chacun ceste estrange auanture.

Que la terre en ce lieu remarquant nos malheurs,
Ne se recouure plus de roses ny de fleurs,
Et que les oysillons de ce plaisant boccage,
Ny degoisent iamais vn gracieux ramage:
Mais qu'vn triste Hibou par vn funebre chant
Aille au Ciel rigoureux nostre mort reprochant:
Que le fruit du meurier par sa couleur vermeille
Monstre des deux Amans la perte nompareille,
Et le sang amoureux largement respandu
Pour preuue que l'amour à la mort a rendu:
Et si quelque passant arriue en ceste place
Voyant ces tristes corps expirez face à face,
Si les traits de pitié peuuent toucher son cœur,

C ij

Ou si iamais Amour de luy se fit vainqueur,
Qu'il face tout soudain ouurant ceste verdure,
Enserrer ces deux corps en mesme sepulture.

   Adieu parens, adieu, les plus cruels de tous
Les yeux baignez de pleurs, ie pren congé de vous:
Vous n'eustes pas raison de nous donner la vie
Puis que par vos rigueurs elle nous est rauie:
Vos yeux n'espirons plus nos loyales amours,
Vostre soin est finy par la fin de nos iours:
Quand le sommeil rendra nos prunelles couuertes
Vous pourrez bien laisser vos fenestres ouuertes,
Car ceux que vous gardiez comme fiers ennemis
D'vn sommeil eternel ores sont endormis.

   A ces derniers propos de larmes destrempee
Du corps de son Amant elle tira l'espee,
Iettant les yeux au Ciel, d'vne tremblante main
Pour suiure son amy, s'en trauersa le sain,
Qu'elle embrassa tõbant iusqu'au poinct, que son ame
Print congé de ce corps pour voller à Pirame
Qui l'attendoit content au rang des bien heureux,
Sous l'ombre fraiz & doux des mirthes amoureux
Ou la femme à iamais du vaillant fils d'Anchise,
Sans perdre la raison du cœur ny la franchise,
D'vn eternel Auril tousiours va iouissant,
Ou le doux Rossignol son mal va gemissant,
Ou rien ne rend l'esprit ny les ames confuses

Parmy le cher troupeau des Amours & des Muses.
Aussi tost que le Ciel eut veu c'est accident
D'vn voille obscur & noir recouurit l'Occident
La Lune recacha sa lumiere argentee
L'aurore au taint vermeil en fut espouuentee
Et deuers l'Orient soudain s'en retourna:
Et d'vn grand voile brun son visage entourna
Le grand Soleil ardant qui decore le monde
Fut vn mois sans monstrer sa cheuelure blonde:
Le Ciel durant le temps ne cessa de pleurer
L'air espois & noircy ne fist que souspirer:
Et la mort tout aupres dans vn buisson cachee
Fut d'vn traict de pitié soudainement touchee
Amour rompant ses traits s'esgara par les bois
Faisant retentir l'air de sa dolente voix:
Les Nymphes des forests, des vallons, & des plaines
Firent de leurs beaux yeux des coulantes fontaines,
Regardant le spectacle & ces tragiques mors
Doucement essuyoit les playes de ces corps:
Et puis de leurs beaux doigts leur serroyẽt la paupiere
Lauant leur taint sanglant auec l'eau de riuiere,
Et de leur chaste voile ayant finy le dueil
Mirent ces tristes corps en vn mesme cercueil:
Et du depuis amour quoy qu'il eut de puissance
N'eut deux semblables cœurs en son obeissance.
Amans est-il pas vray? ie m'en r'apporte à vous

Qui trouuez & la vie & le monde si doux,
La mort tant odieuse, & la parque si blesme
Que pas vn ne voudroit mourir pour ce qu'il ayme.

Complainte d'Ardelle, sur la mort de Philandre.

Vis que mõ beau Soleil ne luit plus à ma veuë
O gracieuse nuict, soyez la bien venuë
En ce lieu solitaire ou ie fais mon seiour
Accompagné d'ennuis de tourmens & d'amour.
O vous qui presidez en la troisiesme sphere
Aupres du ieune Archer que le monde reuere,
Que la belle Ariadne & les astres des Cieux
Couronnent vers le ciel de rayons gracieux,
Ores que i'apperçois en ce desert sauuage
Le retour du silence & de l'obscur ombrage
Et que le doux sommeil qui chasse les trauaux
A sillé dans ces bois les yeux des animaux,
Je veux recommencer ma dolente complainte
Monstrant de quelle ardeur m'a poitrine est attainte,
Et l'adresser à vous, belle & chere Venus,
De qui tous mes trauaux sont assez recogneus.
Vous fustes comme moy cruellement esprise
D'vn Mars, & d'vn Adon, & d'vn pasteur Anchise,
Vos yeux comme les miens des larmes ont versé,

Voſtre eſprit fut encor de ſoucis trauerſé,
Si bien que voſtre cœur a ſouffert du martire
Et cent fois ſouſpiré comme le mien ſouſpire.
  Et vous plaiſante Lune au Croiſſant argenté
Qui viſitez mon œil d'vn rayon de clarté,
Si iamais pour l'amour du paſteur de Latmie
Vous euſtes de l'ardeur, ou vous fuſtes amie,
Eſcoutez les regrets d'vn cœur foible & tranſy
Qui ne peut habiter que ce deſert icy
Ayant perdu l'obiet de ſon ame ſeconde
Par la mort de celuy par qui i'aimois le monde,
Non le monde eſtably ſous vn doux mouuement
Mais pour qui ſans eſgard ie m'aimois ſeulement.
  Donc ô belle Venus, fille de la marine,
Qui ſur tout l'vniuers abſolument domine,
Qui fais vn dur rocher animer peu à peu,
Et d'vn roide glaſſon rejallir vn grand feu,
Helas! excuſe moy ſi ma voix importune
De t'aller racontant ma cruelle fortune.
A la tienne à bon droit ie la puis comparer:
Car vn meſme accident mon cœur fait ſouſpirer
Que celuy qui t'auint quand l'amoureuſe flame
Pour l'amour d'Adonis faiſoit bruſler ton ame,
Et qu'au milieu de l'aiſe & du contentement
La mort te fiſt gouſter vn trop amer tourment:
Alors que le Sanglier, tout animé d'enuie

Par la mort de l'amant, pensa blesser ta vie.

 Helas! tu luy disois en ces mots gracieux,
O doux soin de mon ame, ô Soleil de mes yeux,
Pren ce conseil de moy, bien que ie sois peu sage,
Pour l'ardeur de l'amour qui trouble mon courage,
Mes sens, & mes esprits, mon cœur & ma raison,
Du depuis que ie suis en ta douce prison.
Las! n'attaque iamais en ces forests desertes,
Par les châps, par les monts, par les plaines couuertes,
Ses cruels animaux, malaisez à dompter
Qui ne peuuent que perte aux chasseurs apporter.

 Helas! il n'en fist rien & ne voulut pas croire
Ton amoureux conseil en si tragicque histoire,
Mais plus fort que deuant suiuit sa volonté
Finissant & son aise, & ta felicité.

 Ainsi belle Venus, mon malheur est de mesme
I'aimois vn seul Amant d'vn amour fort extresme
Le subiet qu'auiourd'huy me fait plaindre & douloir,
Et qui m'oste la ioye aussi bien que l'espoir,
Las! qui de mon amour auoit l'ame enflamee,
Dont i'estois en aimant parfaitement aimee.
He! donc combien de fois luy disois ie en pleurant
O mon plus cher soucy pour qui ie vois mourant,
Quitte le champ de Mars, & ces fieres alarmes,
Au temple de mon fils viens appendre tes armes,
Faits d'vn cœur assouuy la retraitte en mes bras,
          Abandonnant

Abandonnant ta vie à de plus doux esbats,
Laisse des ennemis la douteuse victoire,
A celuy là sur qui peut redonder la gloire.

Mais pour tous mes propos, ny pour to⁹ mes soupirs,
Ny pour voir mes douleurs, ny tous mes desplaisirs,
Son cœur braue & hautain ne se pouuoit distraire
De ceste ambition & fureur militaire:
Si bien que mon esprit ne pouuoit reposer
Et me venoit tousiours ce malheur proposer
Glissant deuant mes yeux quelque fascheux augure,
Estranges visions ou mortelle figure,
Lors qu'il estoit absent & que ie languissois
Accompagné du soin qu'en l'esprit i'amassois.

Parce qu'auparauant que de sçauoir nouuelle
De mon dernier malheur & de sa mort cruelle,
J'allois songeant les nuicts en extresme langueur
Qu'vn Vautour affamé m'alloit rongeant le cœur:
Et tantost qu'en plain iour l'espesseur d'vne nuë
Me cachoit le Soleil, comme Ecclipse à ma veuë:
Et puis vne autre fois, il me sembloit à voir
Qu'amour m'alloit coiffant d'vn large crespe noir.
Mais las! ie recognus par vne estrange indice,
Que le sort rigoureux tout remply de malice
M'auoit ce dernier coup monstré bien clairement
La miserable fin de mon contentement
La mort de mes plaisirs, par qui i'estois rauie

D

Mais pour qui i'estimois sa valeur & ma vie:
Car le iour malheureux que le ciel coniuré,
Contre l'heur qui m'auoit si longuement duré
M'esloigna du seul bien qui me rendoit contente
Et pour qui nuict & iour m'a bouche se lamente,
Un brasselet massif que ie portois au bras
Qui peu de iours auant son malheureux trespas
Se rompit en deux parts sans nulle violence
Tombant dessus mon lict ou i'en pleurois l'absence
   O Dieu quelle inquietude alors me vint saisir?
Combien me fut poignant ce nouueau desplaisir?
C'est estrange accident, ceste augure mortelle
Qui m'alloit proposant vne triste nouuelle?
Alors ie maudissois le iour de son depart,
Iettant mes tristes yeux & d'vne & d'autre part
Pour voir si mes amis, mes valets, & mes femmes
Ne me receloyēt point quelque ennuy dās leurs ames
Si par leurs actions ie ne cognoistrois pas
L'accident d'vn malheur qui tallonnoit mes pas.
Mais, ô Dieu, ce fut moy qui sentit la premiere
Le triste coup mortel dont la parque meurtriere
Entama son beau sain, mon amoureux seiour
Estaignant en ces yeux la puissance d'amour.
Car veillant dans mon lict, plaine de solitude,
De chagrin, de soucy, de peine & d'inquietude
Il me dit me baisant: Adieu mon ame, adieu,

Le destin me contraint de partir de ce lieu,
Mais auant qu'esloigner ton bien aimé visage
Ie r'apporte ton cœur que ie tenois pour gage,
Reprens le don Madame, & pense desormais
Qu'vn plus constant amy ne t'aimera iamais,
Si ce n'est que mon cœur qui te fust si propice
Anime vn autre corps pour te faire seruice,
Nul autre dessus moy se prix ne peut gaigner,
Ma mort le peut encor clairement tesmoigner:
Toutesfois s'il te plaist bannir l'amour passee
Pourtant ne bannis point mon nom de ta pensee,
Non qui te fut iadis si cher & si plaisant
Et qui t'alloit au cœur tout orage appaisant:
Bien que ce triste corps en ce monde ne meure
L'esprit aupres de toy tousiours fera demeure,
Et le iour, & la nuict, tallonnera tes pas
Auec le bon Démon qui te suit icy bas:
Ne crains point desormais quelque temps que tu viue
Que nul autre accident l'en esloigne & t'en priue.

    Lors il se disparut pressé d'extresme ennuy
Me laissant plus dolente & plus morte que luy.
Donc, ô cruelle mort, abbreuue toy de larmes
Et retrempe l'acier de tes sanglantes armes
Dans le feu de mon cœur, & dans le sang vermeil,
Aussi bien à mon mal i'interdis l'appareil.
Exerce dessus moy ta derniere insolence,

Puis que tu m'as rauy le iour de sa presence,
Fay donc, puis que ta main la reduit au trespas,
Que ce corps malheureux ne le suruiue pas,
Estant mesme de ioye & d'espoir despourueuë
Mourant iournellement d'vne mort continuë.
Mais auant que l'esprit que tu rends langoureux
S'en aille voir là bas son bel astre amoureux,
Ie veux grauer au sein de ceste roche dure
Le nom de mon Philandre & ma triste aduanture,
Dresser sa chere tombe, & d'vne triste voix
Prendre congé des eaux, des rochers & des bois.
    Mais, ô mon cher Amant, encor ie te coniure
Par nos saintes amours, par le mal que i'endure,
Par ce triste pourtrait couché dans mon giron,
De t'arrester vn peu sur le bord d'Acheron,
Attendant que ta chere & dolente Ardelie
De c'est humain cordage en mourant se deslie,
Et s'en aille là bas, te rapportant la foy
Demeurer bien heureuse à iamais auec toy,
Afin de tesmoigner à la troupe infernalle
Qu'elle ne vit iamais d'Amans qui nous esgalle:
    Et crois que nous rendrons les plus braues esprits
De nostre sainte ardeur incessamment espris,
Là nous viurons contens d'vne eternelle vie
Sans discord, sans martel, sans haine & sans enuie.
    Tels estoit le regret, la perte, & le malheur

Dont la belle Ardelie au fort de sa douleur
Esmouuoit à pitié les forests & les plaines,
Les rochers, les vallons, & les viues fontaines,
Tant que bien tost apres lamentant ses amours
Pour viure vne autre vie, elle finit ses iours.

La Nymphe des Fontenilles.

Amour ce grand Demon, ceste ame vagabonde,
Ce voyant posseder, l'air, & la terre, & l'onde,
Et mesme commander superbe & glorieux
Non aux hômes mortels, ains au plus grãd des Dieux,
Ne se peut contenter de si belle conqueste
Tenant l'ame du monde en son pouuoir sujette:
Mais il voulut encor renger en son pouuoir
Tout ce grand estendu de l'infernal manoir,
Afin qu'en l'vniuers, au globe elementaire,
Ou dans l'autre partie errante & circulaire,
On ne peut voir vn corps poussé de sentiment
Qui ne se vit sujet à son commandement:
Car vn iour que celuy qui sous l'orque preside
Et qui reçoit tribut du fleuue Acherontide
S'en alloit s'esbattant sur les monts sulfurez
Des limites mortels distans & separez,
Passant les gouffres creux, & la noire contree
Ou la mort aux humains va preparant l'entree,

Cest enfant l'apperçeut voltigeant parmy l'air
Passer dessous la nuë, ainsi qu'vn prompt esclair,
De sorte qu'il choisit du milieu de sa trousse
Vn trait qui luy tira d'vne telle secousse
Que tousiours du depuis ayant perdu son cœur
Il recogneut Amour pour maistre & pour vainqueur
Non loin du mont Æthna, dans vn val solitaire
Ou le beau Printemps fait son sejour ordinaire,
Aupres d'vn clair ruisseau, dont les flots argentez
Baignent les bords fleuris d'vn & d'autres costez,
Ou tousiours la verdure & l'amoureux Zephire
Espris du lieu plaisant s'esbat & se retire:
Au milieu d'vn grand bois d'arbres haut esleuez
Sur qui les noms diuers des Nymphes sont grauez,
Ou l'on voit l'ombre obscure & la frescheur si grande,
Que iamais le Soleil de ses raiz ny commande,
Là ne s'oit que le chant des oisillons diuers,
Là ne se voit que fleurs & que fueillages vers,
Là ne se peut sentir que parfum & que basme,
Là Narsis amoureux dans l'eau viue se pasme.
En ce beau Paradis, & ce plaisant sejour
La fille de Ceres passoit le chaut du iour,
Et trauersoit des bois les obscures campagnes
Inuentant mille ieux auecque ses compagnes:
Quand ce Dieu redouté des esprits infernaux
Dans son char attelé de quatre noirs cheuaux

Frappé du trait doré de l'enfant de Cyprine
Rauit brutalement la belle Proserpine,
Qui semoit tesmoignant son regret furieux
Ses larmes sur la terre, & ses cris dans les Cieux,
Laissant parmy les monts, les bois, & les valees
Les Nymphes de sa suitte à iamais desolees :
Qui deçà, qui delà, sans fin l'alloyent cerchant,
Espointes d'vn regret furieux & trenchant,
L'vne de ses beautez errante & vacabonde
Apres auoir couru la plus grand part du monde,
S'arresta sur vn mont plaisant & gracieux
Versant de toutes parts tant de pleurs de ces yeux,
Cognoissant son erreur & sa recerche vaine,
Qu'elle se veit changer en liquide fontaine,
Qui s'en va par les prez doucement murmurant
Et semble que sa perte elle aille discourant
Et que les flots sacrez de son onde argentine
Aux herbes & aux fleurs parle de Proserpine
Leur disant le malheur & le rauissement
Qu'en auoit fait le Dieu de se bas element.
   Sachez qu'auparauant qu'elle fust transformee
Que d'vn ieune Pasteur elle estoit estimee
Qui la suiuoit par tout espris de son amour
Quand aux bords de Vienne elle faisoit seiour.
Mais quoy ? rien ne pouuoit entrer en sa pensee
Que le fier souuenir de l'histoire passee

Si bien que le Pasteur qu'on nommoit Alexis
Du temps qu'il y perdoit n'auoit que des soucis.
 Ce fleuue à qui Ronsard eternise la gloire
Ce demi-dieu des flots du plaisant sain de loire,
Trois filles lors auoyent excellente en beauté
Dont l'vne aux raiz d'amour rendit sa liberté
Pour le ieune Alexis, dont la grace & la veue
Luy auoit la raison depuis peu retenue,
Mais quoy ingrat Amant d'vn cœur prompt & leger
Ceste premiere amour soudain voulut changer,
Et delaisser Candine à son dam trop fidelle:
Qui sachant ceste triste & fascheuse nouuelle
S'abandonnoit aux cris & couroit promptement
Pour trouuer l'infidelle autheur de son tourment,
Pour sçauoir si le bruit d'vn tour si miserable
Seroit pas faux pour elle & pour luy veritable:
Et n'eut gueres couru par les sentes des bois
Qu'au fond d'vn val obscur elle ouyt vne voix
Qu'assez elle cogneut: car c'estoit celle mesme
Pour qui son cœur brusloit d'vne amour tãt extresme:
Et bien qu'apres l'auoir longuement escouté
Descouurit la malice & l'infidelité
De son cruel Amant, dont la voix & la plainte
Assez luy tesmoignoit sa nouuelle contrainte.
Dont sans plus retarder elle approcha de luy
Plaine de passion, de martel & d'ennuy,

Le voyant

D'vn propos accusant son ardeur mensongere
Luy dit en sanglottant, ame ingrate & legere
Beaucoup plus à mon dam que les fueilles des bois,
Qui tournent par le vent tous les iours tant de fois:
Dy moy quelle raison, & quelle humeur estrange
T'a fait me delaisser & recourir au change?
N'est-ce pas pour complaire à quelqu'autre beauté,
Non pas plaine d'amour, mais bien de nouueauté?
Dont le trompeur appas t'arreste & te contente,
Et nourrit ton esprit du fruict de son attente?
Non tu ne l'aymes pas pour t'en voir bien aimé
Pour en estre chery & bien fort estimé,
Pour la voir consumer d'vne pareille flame
A celle dont amour fait embraser ton ame:
Non tu ne l'ayme pas pour en estre chery,
Comme son petit cœur, & son plus fauory,
Pour en auoir receu la faueur ordinaire
Que l'Amante parfaite à son Amant doit faire.
    Tu l'aymes seulement d'vn cœur tout embrasé,
Pour en estre sans cesse en tous lieux mesprisé,
Et pour en receuoir des mortelles rudesses,
Des rigoureux refus, des maux & des tristesses,
Des langueurs, des ennuys, & des banissemens,
Du martel, du martire, & des cruels tourmens.
Donc pour assuiettir ton cœur fier & sauuage
Et l'attacher à soy d'vn plus ferme cordage,

E.

Il faut donc qu'on apprenne à te traicter ainsi
D'vne amere langueur, de peine & de soucy,
Recompensant ton cœur & ta perseuerence
De beaucoup de trauaux, & peu de recompence.
L'inconstant Alexis ce voyant attaquer,
A ces iustes propos ne sçeut que repliquer:
Mais tout pasle & honteux, alors il print la course
Comme le prompt Cheureul deuant le Tygre & l'Ourse;
Il la craint, il la fuit, desdaigneux & confus,
Et semble que ces yeux ne la cognoissent plus:
Car le cruel Archer l'aiguillonnoit sans cesse
A suiure son ingrate & nouuelle Maistresse.
Mais il fut trop deçeu: car au lieu de trouuer
Celle qui luy faisoit tant d'ennuis esprouuer
Il vit ce corps iadis si plaisant à sa veuë,
Ce beau sain blanchissant plus que neige estenduë,
N'estre plus qu'vn christal dans ces bords enchassé,
Que l'esprit chaste & saint auoit ià delaissé.
 Pendant Candine erroit seulette & vagabonde,
Maudissant son ingrat & sa douleur profonde:
Puis arriuant au fleuue ou son pere flottoit
Sous le ventre courbé des basteaux qu'il portoit
Fist semblable priere: ô Monarque de Loire,
Si onc tu desiras mon repos & ta gloire
Venge moy d'vn ingrat, de qui la cruauté
Rend mon ame esperduë, & mon cœur agité,

Qui se mocque orgueilleux, apres m'auoir rauie
La virginale fleur qui decoroit ma vie:
Puis d'vne autre maistresse il tallonne les pas,
Afin de la piper de semblables appas.

 Le vieillard herissé sortant le chef de l'onde,
Ouurant l'escumeux flanc d'vne abisme profonde,
Fist changer Alexis en vn large rocher
Pour sa punition, aussi pour l'empescher
De suiure plus la Nymphe, & pour monstrer encore
Combien l'ingratitude au Ciel mesme s'abhorre.
Alors plongeant sa fille au milieu de ses flots
D'vne bouche fluante il profera ces mots:
Pour te punir aussi de la faute commise,
D'auoir telle faueur si librement permise,
Ore tu te verras dans ces bords enfermer
Et tes membres pollus en Cygne transformer
Pour te faire à iamais d'vne voix lamentable
Chanter la folle amour qui te rend miserable:
Bien que selon ta faute, & ton affection
Ie me rende trop doux à la punition.
Mais puis que ton ardeur, cause de ta ruine,
Dans ces bois malheureux a prins son origine
Tu n'y mettras iamais ny les pieds ny les mains
Pour seruir de risee & de fable aux humains.
 Le vieillard aussi tost fendit l'onde azurée
Apres auoir Candine en ces bras retiree

La plongeant par trois fois dans le milieu de l'eau
La resortit changee en cé dolent oyseau.

   Pendant le bruit courut par les châps & les villes
Que la Nymphe estoit morte au val des Fontenilles,
Chacun diuersement en faisant le discours,
Et restoyent estonnez des estranges amours
Du leger Alexis, qui delaissa Candine,
Pour celle dont le cœur n'aymoit que Proserpine,
Pour qui vint ceste source en ce val gracieux
Que lon pourroit nommer le Paradis des yeux:
Non tant pour le ruisseau dont le plaisant murmure
Discourt de ses Amans la mortelle auanture,
Ny pour les prez herbus, ny pour les belles fleurs,
Qui le vont esmaillant de cent mille couleurs,
Ny pour les arbres droits reuestus de fueillage,
Ny pour les beaux Lauriers qui luy donnêt ombrage,
Ny pour les cabinets, ny pour les lieux couuerts,
Ny pour les oysillons auec leurs chants diuers,
Ny pour ce fleuue encor, dont la belle Contree
Est par ces flots perlez à iamais illustree,
Mais pour auoir l'honneur seulement d'estre à vous
Possedant vn esprit si parfait & si doux,
Et l'honneste beauté, dont le corps & la grace
Est bon-heur du pays, & l'honneur de sa race,
Dont l'apparent merite & la perfection
Remplit l'ame d'amour, l'œil d'admiration.

ELEGIE I.

J'Aide à me deceuoir aussi tost que ie pense
Retirer quelque fruit de ma perseuerance,
Croyant qu'elle fera mon amour reüssir,
Et que le temps pourra vostre cœur adoucir:
Mais ie trauaille en vain, essayant ma fortune,
Comme si ie pensois au Ciel prendre la Lune,
Et bastir richement sur la glace qui fond,
Ou faire retourner les torrens contremont.

Je suis comme vn Nocher errant & temeraire
Qui veut passer les flots auec le vent contraire,
Qu'vn naufrage euident, qu'vn trespas asseuré,
Ne sçauroit diuertir du chemin desiré:
Mais tant plus que la mer rejalit vers la nuë
Et plus fort mille fois son desir continuë,
Son cœur chaut & bouillant ne peut apprehender,
D'autant que pour le gain on se doit hazarder.

Las! ie merite bien le tourment qui m'afflige
Puis que de telle erreur mon cœur ne se corrige,
Car au bout de trois ans, qu'en douleur i'ay passé
L'on ne me trouue pas d'vn seul poinct aduancé:
Mais vous estes tousiours d'vne semblable sorte
Et moy triste & constant au mal que ie supporte,
I'ay querelle à mes sens qui me font voir souuent
Qu'amour me fait errer sur des aisles de vent,

Et que tous mes deſſains,mon cœur,& mon ſeruice
Au lieu de voir le port tombent au precipice:
Ie ne vois rien en vous qui me face iuger
Que vous pourrez vn iour mon tourment alleger,
Toutes vos actions monſtrent bien que voſtre ame
Ne ſe laiſſe embraſer de ſi vulgaire flame,
Et qu'vn autre ſubiet plus eſleué que moy
Sans s'engager beaucoup vous donnera la loy,
Qui à vne tiede ardeur aſſez fera paroiſtre
Qu'en l'amour trop eſgalle vn Amant ſe rend maiſtre,
Oubliant le reſpect de la diſcretion,
Voulant touſiours loger plus haut l'affection.

 Qu'eſt-ce qui me fait donc conteſter dauantage?
Et qui fait que ſi fort au peril ie m'engage?
Helas! ne vois-ie pas vos rigoureux deſdains,
Vos refus,vos meſpris,& vos propos hautains?
N'ay ie aſſez recognu par c'eſt abus extreſme
Que voſtre cœur entier ne s'ayme pas ſoy meſme,
Que la preſomption & trop de vanitez
Du Printemps à l'Hyuer porteront vos beautez?

 Enfin,vous vous plaiſez d'augmenter ma triſteſſe,
Et vos fieres rigueurs ne prennent point de ceſſe:
Vos plus douces chanſons,ſont de m'oüir douloir:
Vos obiets les plus beaux,helas! c'eſt de me voir
Quand l'accez de mon mal vient eſtonner mon ame,
Et qu'aux bras de la Muſe à tous coups ie me paſme.

Pitoyables effets! du pouuoir de vos yeux
Qui de la mort d'autruy se rendent glorieux:
Mesmes de celuy-là, qui iamais ne se lasse
D'adorer le Soleil qui luit à vostre face,
De vous suiure en tous lieux, heureusement errant
Qui le bien & le mal retrouue indifferant:
Rendant pour vous seruir & pour vous estre vtile
Ce que les autres cœurs tiennent pour difficile:
A la fin vn Amant si plain de fermeté
Ne se rend pas si tost aux vœux d'vne beauté,
Ie vous ay desguisé le tourment qui m'accable
De peur que mon amour vous fust desagreable:
I'ay cent fois dans ma bouche estouffé mes soupirs
Pour n'enflammer le Ciel aux feux de mes desirs.

 Et pour tout le respect dont mon ame est remplie
Pour les affections dequoy ie vous supplie,
Vostre œil subiet au meurtre & plain d'inimitié
Ne m'en daigneroit pas regarder en pitié:
Il se ferme aux efforts de ma douleur extresme,
Et n'a rien de l'amour bien qu'il soit l'amour mesme:
Car alors que ie veux vn peu vous haranguer
Vn rayon desdaigneux me fait extrauaguer,
M'estonne & me rauit l'esprit & la parole,
Et me donne le nom d'vne insensible Idole.
Mais combien que vos yeux m'ostent le mouuement
Il me reste tousiours vn dur ressentiment

De voſtre cruauté, lors que ie me figure,
Comme pour vous aymer, inceſſamment i'endure,
Et ſuis comme vn rocher, qui ne puis reſſentir
Les flots qui de ſon flanc ſans ceſſe on voit ſortir:
On verra que ma vie en pleurs s'eſt eſcoulee
Sans que la cauſe en ſoit d'vn ſoupir decelee.

    Las! recognoiſſez donc l'eſtat auquel ie ſuis,
Et que de vos rigueurs procedent mes ennuis,
Les furieux transports, l'ardeur, la vehemence
Que i'ay ſceu corriger auec la patience,
I'ay fait ce que i'ay fait, ie le veux confeſſer,
Pour voir ſi mon amour ne pourroit point ceſſer:
I'ay preſenté mon cœur aux traits d'vne autre Dame
Et pour guerir l'ardeur approché d'autre flame
I'ay creu que l'inconſtance & qu'vn nouueau ſubiet
M'emporteroit de vous & l'amour & l'obiet.

    Mais ie parlois en vain: car mon ame agitee
Eſtoit de trop de nœuds en vos mains arreſtee:
Ie me ſuis maintesfois empeſché de vous voir
Forçant ma volonté, mes ſens, & mon vouloir.
Mais en l'eſloignement de voſtre beau viſage
Vn braſier plus ardant r'enflammoit mon courage,
Si bien que la douleur que ie ſens nuict & iour
Se pourroit nommer Charme, auſſi toſt qu'vne Amour,
Dequoy ſi doucement ma Raiſon eſt forcee
Que rien autre que vous ne loge en ma penſee:

                                       Si quelque

ELEGIES.

Si quelque autre subict me pense divertir,
Vostre obiet aussi tost c'est humeur fait sortir
Et commande absolu sur l'estat de ma vie
Qu'il a sous vostre nom tellement asservie,
Que rien ne la feroit revolter contre vous
Mesme solicité par vn subiet plus doux.

ELEGIE II.

SI ie me puis iamais deslier & deffaire
Des raiz de vostre amour, qui me detient forçaire,
Je faits bien vn serment, & vous promets la foy
Que iamais nul amour n'aura pouuoir sur moy:
Si ie ne recognois d'effet & d'apparence
Qu'auec l'affection soit encor l'esperance:
Aussi que nous sert-il de voller dans les Cieux
Pour acquerir le nom d'vn ieune audacieux,
Et mesme qu'vn Icare en malheur ie seconde
Afin que de ma mort immortalize vn onde.
Il faut se retrencher de ceste ambition
Qui nous donne du mal & de la passion,
Et n'aspirer à rien, qui ne nous soit loisible:
Car l'innegalité rend l'amour impossible.
J'auois si prudemment le naufrage euité
De ceste mer cruelle où ie suis agité,
J'auois de ce tyran ma franchise recousse

ELEGIES.

Qui trop legerement dans sa prison nous pousse.
　　Mais quoy, i'ay beau resoudre encor deliberer
Maudissant le destin qui m'y fait aspirer,
Helas! ie suis encor au milieu de la peine
Supportant nuict & iour le dur poix de ma chaine.
Cependant que ie parle amour se rit de moy
Qui voit mon triste cœur au pouuoir de sa loy:
Si bien qu'à tout peril franchement il m'expose,
Et fait esuanouir ce que ie me propose.
　　He quoy? malheureux veux-ie incessamment patir
En si fiere prison? non, il en faut sortir,
Et briser ce lien qui me tient en seruage
A la difficulté se monstre le courage.
Si ie ne luy ay dit que son bel œil vainqueur
Au ioug de son amour auoit rendu mon cœur.
He! quelle erreur feray-ie en m'ostant du martire
Si ie m'en puis vn coup eschapper sans leur dire?
　　Mais, en fin n'ay-ie tort d'auoir si longuement
Seruy sans m'ozer plaindre au fort de mon tourment,
Souffrāt trois mois entiers, sans vous côter Madame
Le subiet qui sans cesse importunoit mon ame.
Helas! que m'a seruy de la dissimuler
Qu'à me faire par tout secrettement brusler?
Quel assoupissement, quel extaze à tout heure
M'empeschoit d'esuenter le mal par qui ie pleure
Quand mes sens esgarez en ces tristes abbois

M'emportoyent, me laissant, la parole & la voix.
　　Mais si par les discours que l'amour me fait naistre
Ie voulois m'efforcer de vous faire paroistre
Que mon cœur vous adore au monde vniquement
Se seroit faire tort à vostre iugement,
Qui voit mon ame à clair par c'est œil qui m'enserre
Ainsi que le Soleil voit à trauers vn verre:
Si bien que nul secret qui vous puisse toucher
Ny trouue point de lieu propre pour se cacher.
Que vous sert d'ignorer mon seruice & ma peine
Et les pleurs de mes yeux transformez en fontaine:
Mon temps mal employé pour monstrer le deuoir
Que mon cœur contribue à l'amoureux pouuoir?
Quel plaisir vous rendra mon continu martire:
He Dieu quel interest est-ce que l'on retire
De la mort d'vn Amant qui ne vit que pour vous,
Et de qui le tourment luy est plaisant & doux?
　　Ha! ie voy le subiet qui vous rend si cruelle,
Et qui vous fait blasmer l'ardeur que ie reuelle
En ce triste discours que vous pourrez blasmer:
Pour ne me trouuer pas digne de vous aymer,
Non pour manquer d'amour, d'art, & de cognoissance
De respect, de douceur, d'ardeur, & de constance,
De vertu, de merite, & de perfection,
D'ame, & de naturel, & de discretion:
Mais pour n'auoir en l'ame vn humeur violente

F. ij

Des propos desprauez, vne grâce insolente,
Du desdain, vn audace, & de la vanité,
Seule perfection d'vn esprit esuenté:
Dont le plus grand dessain & de faire la monstre
D'vne vaine faueur à tout ce qui rencontre,
Où morguer vn chacun brauache & querelleux,
Pour se faire iuger plus ardant amoureux,
Pour n'auoir point aussi ceste inutile escorte
De pages, de laquais, au deuant de la porte,
Pour faire vn bruit estrange, & pour monstrer côment
Vos yeux dessus les grands ont du commandement.
Les Fees en naissant animez d'influence
Ne m'ont pas enrichy de ce don d'impudence:
Quand i'ayme quelque chose ou ie puis esperer,
Las! ie mourrois plustost on s'en peut asseurer
Au milieu de l'ardeur qui m'embraze & m'enflame
Que d'esleuer ma gloire aux despens d'vne Dame:
Je ne lairrois sortir au plus fort de mon dueil
Vn soupir, de ma bouche, vne larme de l'œil:
Bref, ie le hayrois comme autheur de ma perte
Si ie voyois par luy mon amour descouuerte.

ELEGIE III.

CRoyez donc maintenant ce que ie vous propose,
Je le vous dis en vers, comme i'ay fait en prose
Que ie suis resolu de n'aymer iamais rien,
Si ie ne recognois qu'on me vueille du bien,
Aussi quand c'est espoir vient visiter mon ame
Je suis tout plain d'ardeur, i'ay des aisles de flamme
Pour m'esleuer en haut, le peril ignorant,
A la suitte de l'œil qui me va conquerant :
 Car ie tiens vn Amant priué d'intelligence
Qui monstre sans adueu tant de perseuerance,
Qui suit vne beauté vefue d'affection
Auec beaucoup de peine & de subiection,
Qui se rit de ses pleurs, & qui fait vn trophee
De rendre en se mocquant sa poitrine eschauffee,
Et qu'alors qu'elle voit qu'on se trouue engagé
Feint tout soudainement de luy donner congé,
Si bien qu'absent de vous soit au lict soit à table
Vous luy seruez de fou, de subiet, & de fable,
Tant qu'elle n'a parens, seruantes, ny vallets
Qui n'en sçache l'histoire, en lisant vos poullets.
 Je sçay bien de long temps qu'vne beauté parfaite
Peut beaucoup sur vn ame, à la rendre subiette,
Mais ie ne croiray pas qu'elle aye le pouuoir

De me remplir d'amour, en me priuant d'espoir.
Celuy trop & deçeu, qui tous les iours s'essaye
De seruir vne Dame en despit qu'elle en aye,
Qui luy ferme la porte, & qui le plus souuent
Couche sur vne pierre à la pluye & au vent,
Pendant qu'vn autre Amant peut estre est auec elle,
Son cœur, sa petite ame, & sa luisante estoille,
Qui la tient en ces bras, prenant tout le plaisir
Qu'on peut s'imaginer pour souler son desir.
Je ne suis pas ainsi, ie veux vne Maistresse
Qui m'ayme librement sans art & sans finesse,
Qui iuge mes vertus, & ma fidelité
Aussi tost que ie faits, sa grace, & sa beauté,
Et qui puisse preuoir, acceptant mon seruice,
Que la longue recherche est vn grand preiudice
Sçachant qu'il faut iouyr de ce que nous auons,
Et prendre du bon temps pendant que nous viuons,
Les ans nous sont trop chers, & de trop d'importance.
Celuy se trouue bien priué de cognoissance
De penser rajeunir & reuoir tous les ans
Renouueller son teint comme la fleur des champs.

 Quel erreur faites vous? auouez le Madame,
Pour cognoistre l'humeur d'vn Amant qui s'enflame
Aux raiz de vos beaux yeux, subiet de mon penser,
De le tenir vn an sans le recompenser?
Car pendãt qu'il vous sert, & qu'il vous fait paroistre

ELEGIES.

Qu'amour par vos beautez de luy s'est rendu maistre,
Qu'il ne vit que pour vous, que vos perfections
Sont cause de sa ioye, & de ses passions,
Vn chacun le cognoist, iugeant par aduanture
Qu'vne longue recerche, & vne vraye augure
D'amour & de faueur, d'aise & de priuauté
Qu'il se feint malheureux, mais qu'il est bien traité.
Vous le menez au bal, au palais, à la Messe,
Il vous suit pas à pas, iamais il ne vous laisse,
Il porte vos couleurs, il fait cognoistre à tous
Qu'estant mal en soy mesme il est bien auecque vous,
Bref, il descouurira ce qu'il n'osera dire
Par vne vaine humeur, ou bien par son martire:
   Ceux là qui font ainsi se perdent maintesfois,
Les voisins à tout coups les vōt monstrāt aux doigts,
S'il ce fait vn faquin qui coure par la ville
Qui depesche vne femme, vne vefue, vne fille,
Soudain on vous y voit, parce que l'action
Et le miroir de l'ame, & de l'affection:
Alors vostre amoureux qui languit en souffrance
A le bruit aussi tost d'auoir la iouissance
De vos fieres beautez, qui trop cruellement
Luy font perdre sa peine és le contentement.
   Lors se fascheux rapport qu'on oit parmy la ruë
Rend aux plus esloignez vostre amour si cognuë
Que chacun en discourt tout ainsi qu'il luy plaist,

Si bien qu'auec le bruit on vous donne l'effet.

A tout heure du iour vos parens les plus proches
Plains d'ire & de fureur vous en font des reproches,
Vous tourmentãt sans cesse, & vous tiennent de court
Reprenant vostre vie, oyant le vent qui court:
On vous donnera garde, & serez enfermee,
Poursuiuant celuy-là dont vous estes aymee,
Chetif qui n'osera nullement s'approcher
De cent pas de l'endroit qu'il estime si cher.

Si vous auez mary vous estes asseuree:
D'estre dans vne chambre à tout'heure enserree,
Ou rien ne vous sçauroit par honneur secourir,
Et sentirez l'Enfer auant que de mourir,
Et ne croira iamais, quoy que lon luy propose
Que de vostre malheur il en soit autre chose:
Et combien que l'effet n'ait suiuy vos amours,
L'apparence du faux l'enflammera tousiours:

Et si vous estes vefue, on vous fera de mesme
De peur que vous donniez à celuy qui vous ayme,
Où que vous l'espousiez, ils diront librement
Que vostre bien se pert en se desreglement:
Lors vous aurez sans plus, ô pauure infortunee,
La simple pension par le Iuge ordonnee.

Ou bien si vous viuez au cloistre d'vn conuent,
Ayant de vostre amour le seul bruit, & le vent,
En estroite prison vous serez detenuë

Parce

Parce qu'en ce lieu saint l'amour est deffenduë,
De sorte que iamais ne vous sera permis
D'accoster vos parens, ny de voir vos amis.
  Pas vne de vos sœurs, qu'vn mesme amour enflame
Couurant l'affection qu'elle vous porte en l'ame
Entretiendra l'Abbesse, en son iuste courroux,
Et pour s'oster du peur, parlera contre vous.
Bref, en c'est accident ils quitent leur compagne
Comme on laisse l'amy prisonnier en Espaigne
Attaint & conuaincu de la Religion,
Qu'on met entre les mains de l'inquisition.
  Dames, oyez ces mots que rien ne vous empesche
De cognoistre l'erreur d'vne longue recerche,
Le malheur & l'ennuy que peuuent apporter
Le beau temps que lon peut se laissant mugueter,
Quoy? ne vaut-il pas mieux dés la premiere veuë,
Ayant l'humeur d'vn homme assez bien recogneuë
Veu le corps, & la grace, & les perfections
D'accepter son seruice & ses affections?
Et puis le contenter se contentant soy-mesme,
Sans prendre garde au temps qu'il y a qu'on vous ay-
(me?

G.

ELEGIE IIII.

Puis que tant de seruice & de perseuerence
Se sont ainsi perdus sans nulle recompense,
Et que vostre desdain, & vostre cruauté
Furent tousiours rampars contre ma loyauté,
Suis-ie pas bien priué de sens, d'esprit, & d'ame
De m'approcher encor de si cruelle flamme?
Veu que ie sçay desia, malheureux souuenir,
Que ce qui m'en chassa m'y feroit reuenir.
Mais quel aueuglement me conduit à ceste heure?
En quel erreur extresme est-ce que ie demeure?
Voudrois-ie bien encor à son ioug retourner,
Et dans ses fieres mains mon cœur abandonner?
Helas! ay-ie oublié les trauaux & la peine
Que me faisoit souffrir mon amour inhumaine?
Le iour malencontreux que ce cruel enfant
Me fit voir son bel œil superbe & triomphant?
Ne cognoissois-ie assez, aux desdains de sa veuë,
A ses cruels propos, à sa rigueur preueuë,
A son cœur obstiné, suiuy d'vn fier vouloir
Qu'elle ne me vouloit pour Amant receuoir?
 Tout cela suffisoit pour prendre cognoissance
Que i'aurois du tourment, & bien peu d'esperance,
Et que de ce dessain ie deuois refroidir
Ce miserable cœur, qu'amour me fait maudir

ELEGIES.

Pour auoir sans raison sa franchise embarquee,
N'ayant pas bien sa faute en trois ans remarquee.
Donc quel subiet me peut ainsi persuader
De retourner chez elle, & de me bazarder
Au peril eschappé, pour me laisser reprendre,
Et brusler de ces yeux qui m'auoyent mis en cendre,
Au preuue du malheur qui m'y sçeut enlasser?
Las! i'en dois la recherche à quelqu'autre laisser
De qui l'affection nouuellement venuë
N'eut pas ainsi que moy son humeur recognuë:
I'en dois fuir le piege & l'appas affecté
Qui m'auoyent retenus pour estre mal traicté.

   Qu'est-ce que ie pretens? quel espoir me rameine?
Ay-ie reçeu du bien de la voir inhumaine?
Preferay-ie l'aigreur du tourment au plaisir
Continuant l'amour sans finir le desir?
Quoy mes yeux, auez vous recognu ce voyage
Qu'elle ayt changé d'humeur, adoucy son courage,
Et que son cœur ingrat ore soit repenty
Du mal que i'ay pour elle vn si long temps paty?

   Non, non, ie suis deçeu, quoy que ie puisse dire,
Car pour l'ouyr parler, ny pour la voir sourire
Ny s'accoster de moy, faignant à ce retour
Auoir compassion de mon fidell' amour,
Tout cecy n'est qu'appas, qu'amorse, & qu'artifice
Pour r'appeller mon cœur à luy faire seruice,

G ij

Afin qu'il aille icy mon martyre oubliant
Et sa fiere beauté par mes vers publiant.
En fin elle se trompe, & si ne doit pas croire
Que i'aye eu tant d'amour, & si peu de memoire.
Or que le iugement du tout m'est reuenu,
Eschappé du lien qui m'auoit retenu
Tout plain de liberté, ie luy feray paroistre
Comment ie sçay le bien, & le mal recognoistre.
Elle a beau se seruir d'artifice & d'attraits,
Au rempart de mon sain i'espointeray ses traits.
L'on ne me deçoit plus d'vne vaine esperance,
Ie veux croire aux effets non pas à l'apparance,
Amour m'a trop deçeu, i'ay trop long temps souffert
Au feu de ses beaux yeux ou ie m'estois offert.

   Depuis vn an qu'elle a mon amour estrangee
Ie suis tout asseuré qu'elle n'est pas changee,
Elle est tousiours semblable à l'humeur qu'elle estoit
Quand c'est affection au premier m'agittoit.
Mais si elle a changé ce n'est pas de courage
C'est ie m'en apperçois de geste & de visage,
Le temps a du depuis que i'en suis eslongné
Un peu terny c'est œil qui m'auoit desdaigné,
Son taint n'est plus si vif, sa bouche si vermeille,
Sa voix ne sonne plus si douce à mon oreille
Ce corps n'a plus la grace, & les traits de Cypris,
Aussi n'en suis-ie plus si viuement espris.

STANCES, A MADAME.

1.

SOEVR vnique de Mars, beauté chaste & diuine,
Qui du plus haut Empire a pris son origine,
L'ornement de son sexe, & le doux soin des Dieux,
Je vous offre ces vers, poussé d'obeissance
Que l'on verra bien tost pour leur insuffisance,
Jugez par vostre oreille, & bruslez par vos yeux.

2.

O desir allumé de flammes immortelles
Dequoy donc auiourd'huy te feras tu des aisles,
Que de mes longs soupirs, & de mes chauts sanglots?
Garde bien d'estre Icare esleué dans la nuë
Qui se veit aussi tost, par sa faute cogneuë,
Pensant voller au Ciel, tresbucher dans les flots.

3.

Quel effronté Demon, & quelle erreur insigne
Me rend par l'impudence vne gloire si digne,
Et me fait prendre vn but si haut & si luizant?
O Muse trop hardie, ô mon luth temeraire,
Ne sçachant pas bien dire apprenez à vous taire,
Car en pensant loüer on se va mesprizant.

4.

Mais, ô diuin Soleil de ce Royal Empire,
Si parmy vos Lauriers ores ie me retire,
(C'est qu'Appollon y loge & m'apprend à chanter,
Ie sçay, lors que ie pense à l'ardeur qui m'incite,
Qu'il est bien plus aisé voyant vostre merite
De le ramenteuoir que de vous l'augmenter.

5.

Souffrez dōc s'il vous plaist, beauté rare & celeste,
Que ie vous rende icy mon deuoir manifeste:
Et donnez à mon vol, & faueur, & secours:
En fin ces vers deuots qu'en vostre Nom i'arrenge
Sont des Stances d'excuse, & non pas de loüange,
Car le subiet surmonte, & l'art, & le discours.

6.

O belle & viue fleur qu'vn saint tige conserue,
Que le Ciel pour vn Dieu soigneusement reserue,
Fille des lys sacrez redoutables vainqueurs,
Fleur qu'on voit si plaisante au milieu des espines,
Et qui se fait encor par ses graces Diuines
Le subiet du desir, & l'obiet de nos cœurs.

7.

Qu'aurons nous fait au Ciel de nostre bien auare
Pour nous laisser languir si longuement, barbare,
Loin de vostre douceur, & de vostre clarté:
Rochers que nous tenions pour desert solitaire

STANCES.

Vous estiez lors plaisans, ores triste repaire,
Nous ayans vostre tour, vous nostre obscurité.

8.

O plaisante clarté de nos yeux attenduë
L'Aurore de nos cœurs, soyez la bien venuë,
Rapporter à nos yeux la beauté du Printemps:
Vous auez esclarcy nos fontaines troublees
Resiouissant des bois les Nymphes assemblees,
Et du tout arraché les soucis de nos champs.

9.

Tout soudain que vostre œil, apris à la victoire,
Eust ietté ses rayons sur la riue de Loyre,
Les champs furent alors esmaillez de couleur,
Ceres vint au deuant auec sa tresse blonde,
Et les Nymphes des eaux sortans le chef de l'onde
Firent des cris de ioye, & non plus de douleur.

10.

Vollant de vostre nom la prompte renommee,
Ayant les yeux d'Argus, à sa robbe emplumee,
Porta vostre merite en mille lieux diuers:
Alors ceste Deesse, ô bien heureuse Astree,
Laissant vostre pourtrait en chacune contree
Laissoit autant d'amours au cœur de l'vniuers.

11.

Mais comme le Soleil qui tout luysant retourne
De c'est autre horizon, ou l'Indien seiourne,

Donne place à la nuict plaine d'obscurité,
Vous laissastes pour nous l'autre part qui vous pleure
Mais sa douleur s'appaise, & cognoist à cest' heure
Qu'il falloit plus grand Temple à vostre Deité.

12.

Donc vostre aduenement allege nostre peine,
C'est obiet gracieux nostre plaisir rameine
Nos malheurs declinans ont nos maux adoucis,
De nos cruels discords estaintes sont les flames,
Et par vn seul attrait vous donnez à nos ames,
Et de plus doux pensers, & de plus beaux soucis.

13.

Mais qu'auroit fait la France esperdument deserte,
De tenebre & d'horreur à toute heure couuerte
Sans vous, qui releuez son honneur abbatu?
Las! elle estoit sans vous trop long temps demeuree,
Ores vous nous rendez, ô clarté desiree,
La vertu à l'amour, l'amour à la vertu.

14.

Chacun prompt & rauy, & d'ardeur plain de zele
Presente à vostre Autel ou l'amour nous appelle
Des Myrthes, des Lauriers, des Palmes, & des Lys,
Me trouuant en ce nombre aux pieds de vostre image
Donnez tant seulement à ce premier hommage
Tout à l'affection, non aux vers mal polis.

En fin

15.

Enfin vostre clarté, par ces monts eclypsee,
Rendroyent nos yeux obscurs comme nostre pensee
Nous ostant le Printemps, la verdure, & les fleurs,
Tant que ceste prouince où nostre heur recommence
Estoit sans vostre grace, & sans vostre presence
Pauure de tout plaisir, & riche de douleurs.

16.

Vous estes le subiet où nostre esprit s'employe,
Toute nostre esperance, & toute nostre ioye,
Nostre port, nostre estoille, & nostre seureté:
Vostre vertu combat nos fieres destinées,
Et tient si doucement nos ames enchesnees
Quell' en ayment le ioug plus que la liberté.

17.

Mais qui pourroit çà bas comparer quelque chose
A vostre ame excellente où la bonté repose
Qui de toute ignorance a rompu l'espaisseur?
O grandeur que i'admire, ô merueilleux trophee,
En ce siecle malin vous estes vn Alphee
Qui trauersant la mer ne perd point sa douceur.

18.

Vostre œil à qui Phœbus naturellement cede,
Dont les coups asseurez se trouuent sans remede
Remplit d'affection tous ceux là qu'il espoint:
Mais la chaste Diane en vostre ame domine,

H.

Si bien que de l'amour vostre beauté diuine
En remplit tout le monde & ne s'en donne point.

19.

He! que n'ay-ie auiourd'huy ceste fureur infuse
Au cœur des beaux esprits fauoris de la Muse,
Tous subiets bas & vains de moy seroyent banis,
Ayant de vos Lauriers, & la faueur, & l'ombre,
Comme on voit vos vertus, & vos beautez sans nōbre
Vous auriez & des vœux, & des vers infinis.

20.

Puissiez vous voir la Frāce heureusement paisible
A l'honneur de HENRY ce Monarque inuincible,
Reprendre sa franchise, & son bel ornement,
Ayant de mille fleurs la teste enuironnee,
Et que vostre beau nom au tableau d'Hymenee
Soit de nostre bon heur le futeur argument.

21.

O belle ame, qu'on voit aux merueilles comprise,
Que le sort à iamais vostre espoir fauorise,
Que le Ciel à iamais vous puisse eternizer,
Puissiez vous augmenter vostre diuine race,
Puiss'ay ie tous les iours sans trefue & sans espace
Chantant vostre vertu, vostre heur prophetizer.

DISCOVRS,
Sur la maladie de Madame.

CEste auguste beauté dont la seule influence
De toutes les vertus nous donne intelligence
Est au lict maintenant, & se voit oppresser
D'vn mal trop importun qui ne la peut laisser,
Tous les iours & les nuicts son accez continue
Et sa chere santé peu à peu diminue,
Si bien qu'a tout moment sa force & sa couleur
Se perd, ainsi qu'on voit vne vermeille fleur
Des filles du Printemps la premiere auancee,
Que l'orage & les vents du tyge ont terrassee,
Ores son enbon point de tout c'est escoulé,
De son œil indomptable Amour c'est enuolé,
O Ciel doux & benin, redonne par ta grace
La vigueur à son corps, & le teint à sa face.
 O Muses des vertus l'honneur & le soucy,
Quittez vos monts sacrez & vous rendez icy,
Afin de consoler la belle Pasithee
Qui d'vne aspre douleur se retroune agitee:
Venez la resiouyr d'vn chant melodieux
Consolant ses esprits, rasserener ses yeux,
Inuoquez de là haut la Déité supresme

Pour appaiser sa peine, & sa douleur extresme:
Quittez vos beaux Lauriers, quittez ce double mont
Et venez maintenant où ma voix vous semond:
Que le clair Appollon, des accords de sa Lyre,
Charme l'importun mal qui son esprit martyre.
Donc, ô mes belles sœurs, venez pour la veiller,
Et n'abandonnez point son dolent oreiller,
Tant que le Ciel benin redonne par sa grace,
La vigueur à son corps, & le teint à sa face.

 Nymphes de ces forests & de ces champs divers
Qui suyuez du Printemps les oblets tousiours verds,
Dont le divin sçavoir tout art humain excede,
Et qui voyant le mal en sçauez le remede,
Qui les simples encor de tout temps cognoissez
Ayant vescu les ans des longs siecles passez,
Venez voir ce bel œil, unique Astre de France,
Qui parmy tous ses maux a beaucoup de constance.
Helas! quittez vos bois, & venez promptement
Luy donner du secours & de l'allegement,
Tant que le Ciel benin luy donne par sa grace,
La vigueur à son corps, & le teint à sa face.

 Et toy grand Æsculape, & toy qui peut çà bas
Nous retirer souuent du chemin du trespas
Redonnant la santé, la parolle, & la vie,
Au corps qui se voyoit l'ame presque rauie:
Helas! ne sois pas sourd à l'horreur de mes cris,

DISCOVRS.

He ne sois point aueugle à ces vers que i'escris:
Ressens de nos ennuys les frequentes alarmes
Et te laisse amollir aux torrens de mes larmes
Donc, ô Dieu venerable, ordonne maintenant
Quelque remede au mal qu'elle va soustenant,
Tant que le Ciel benin luy donne, par sa grace,
La vigueur à son corps, & le teint à sa face.

 O vous dolent Amour, & vous belle Venus
Vos malheurs auiourd'huy vous sont bien incognus,
Helas! vous pouuez bien à ma voix entenduë
Ores vous deboucher, & l'oreille, & la veuë,
Pour voir comme le sort par trop de cruduté
Pratique vostre perte, & vostre obscurité,
Priez donc maintenant pour celle qui sans cesse
Vous fournissoit de traits, de pouuoir, & d'adresse,
Qui vous rendoit par tout si puissant & si fort
Et sans qui vostre Empire est priué de support,
Allez pleurer au Ciel pour mouuoir le courage
Des grands Dieux, reclamez à ce prochain dommage
Si bien que tous les Dieux au celeste seiour
Soyent naurez de pitié par les traits de l'amour
Tant que le Ciel benin redonne, par sa grace,
La vigueur à son corps, & le teint à sa face.

 O doux & cher Printemps, qui souliez à nos yeux
Paroistre si plaisant, si gay, si gracieux,
Voyez comme les fleurs, & la molle verdure

Ternissent maintenant de la peine qu'endure
Ceste vnique beauté qui vous va decorant
Alors que son bel œil va sur nous esclairant,
O sainte & belle Flore ornement des preries,
Qui departez l'esmail aux campagnes fleuries
Venez encor icy ternissans vos couleurs
Et bagnez comme nous vostre face de pleurs,
Regardez le tourment de ceste ame affligee,
Et rendez s'il se peut sa tristesse allegee.
Helas! voyez c'est œil iadis luizant Soleil,
Qui donnoit à vos fleurs le teint doux & vermeil,
La force & la vigueur aux herbes & aux plantes,
Rendant de l'vniuers les forests si plaisantes,
Maintenant si couuert d'ombre & d'obscurité
Qu'il ne peut iusqu'a nous enuoyer sa clarté:
Or donc, priez le Ciel qu'il donne, par sa grace,
La vigueur à son corps & le teint à sa face.

 Depuis qu'elle est ainsi nos cœurs sont accablez,
Et de ces longs ennuys nos esprits sont troublez
L'amoureuse Biblis, & la blanche Aretuse,
La source d'Hypocrene & celle de Vaucluse,
Dans leurs bords estonnez à la mer vont courant
Raconter le malheur qui nous va deuorant:
O fontaine, ô belle eau, qui mesme en ta presence
Vois du mal outrageux exercer l'insolence,
Pourquoy n'eslances tu du profond de tes yeux

Des larmes des soupirs iusqu'au plus haut des Cieux,
Afin qu'en te plaignant il rende, par sa grace,
La vigueur à son corps, & le teint à sa face.
 Et vous Poëtes sacrez que l'on va cherissant,
Qui portez sur le front le Laurier verdissant,
Qui deuez au subiet qu'auiourd'huy ie soupire
Tous les prix honorez des vers & de la Lyre:
Faites iusques là haut retentir vostre voix
Esmouuez les rochers, les pleines, & les bois,
Et que vos tristes vers d'vne plainte profonde
Facent pleurer le Ciel, & lamenter le monde,
Que tous les animaux des antiques forests
S'esmeuuent à pitié de vos tristes regrets,
De sorte que Phœbus, & la Lune argentee
En arrestent les pas de leur course hastee
Et qu'en nous apportant vn celeste secours
Ils redonnent encor la lumiere à nos iours,
Si bien qu'en vn moment nous voyons que la grace
Rende au corps la vigueur, & le teint à sa face.
 Or ayant auiourd'huy tous nos cris eslancez
I'apperçois que le Ciel à nos vœux exaucez,
Il se rend clair & beau, & monstre à nostre veuë
Vn presage certain de la grace attenduë.
Voyez comme il sourit luisant & gracieux,
Comme asseurant sa vie il resiouit nos yeux,
Voyez comme son cœur par sa force alentie

A de l'amour au Ciel, & de la sympathie,
Car durant les accez de ses griefues douleurs
Tout ainsi que ses yeux se fondoyent tous en pleurs
Le Ciel estoit obscur & couuert de nuage,
Et ne rendoit ça bas qu'vn outrageux orage:
Ore que son beau teint commence à reuenir
Chassant le fascheux mal qui la souloit ternir,
Le Ciel clair & luisant d'vne allegresse extresme
Luy rendant sa clarté la redonne à soy mesme,
Nous voyons le matin sortir de l'Oriant
L'aurore se monstrer d'vn visage riant
Sur son Char, rougissant de plaisir & de ioye
D'apporter le salut que le Ciel nous enuoye.
Voyez comme le iour redouble sa clarté,
Voyez comme les bois ont repris leur gayté,
Voyez comme les eaux se trouuent esclarcies,
Et comment nous sentons nos peines adoucies,
Comment ses deux beaux yeux plains d'attraits &
Dominent sur les corps qui viuent icy bas. (d'appas
Donc resiouissons nous, puis qu'elle a recouuerte
La santé qui du tout nous perdoit par sa perte.
Or sus, petits amours qui volliez desarmez,
Dont le nom & le temple estoyent inanimez,
Du iour que la gayté s'esloigna de sa veuë
La laissant de lumiere & d'attraits despourueuë,
Et que son cœur Royal plain de perfection
Souffrit

Souffrit de la douleur & de la passion,
Dont, ô divins enfans, les guerriers de nos ames,
Remplissez vos carquois & r'allumez vos flames,
Revolez dans le Ciel sur la terre & sur l'eau,
Et vous monstrez suyuis d'vn pouuoir tout nouueau:
Puis que nous la voyons, & qu'elle a recouuerte
La santé qui du tout nous perdoit par sa perte.

  O Nymphes des forests & des bois escartez,
Le Chef couuert de fleurs venez de tous costez,
Reprenez vos attraits & vos robbes pourprées,
Et remettez le bal aux forests & aux prées,
Faites iusques au Ciel vos chansons retentir
Si bien que sa louange il puisse ressentir.
Et vous Dieu des Pasteurs, dont l'amour abbregee
Fut cause que la Nymphe en roseau fut changee,
Ordonnez maintenant que parmy vos deserts
Soit fait des feux de ioye auec des Lauriers verds,
Et que tous les Pasteurs, & les Syluains rustiques
Recommencent la Lutte & les ieux Olympiques
A l'honneur d'Esculape & d'Appollon aussi
Qui renuoyant la rose a chassé le soucy,
Et vous resiouissez puis qu'elle a recouuerte
La santé qui du tout nous perdoit par sa perte.

  O Ciel, qui vous donnez si liberallement
Le regne du repos, & la fin du tourment,
Et que vostre puissance en tout inimitable

Resiouist le public d'vn bien tant desirable,
Dans le saint Pantheon nous appandons nos vœux,
Et de myrrhe & d'encens nous embasmons nos feux,
Et nos cœurs obligez à vostre grace intime
Maintenant à vos yeux s'offriront pour victime,
Et nous leuons là haut plains d'amour & d'espoir
Poussez d'affection autant que de deuoir,
Puis qu'auiourd'huy par vo⁹ la Nymphe a recouuerte
La santé qui du tout nous perdoit par sa perte.

SONNETS,
A MADAME.

Dans ce Royal Palais, ou l'art seul determine
D'esmerueiller le monde, & d'esblouyr les yeux,
Se voit tout ce que l'homme icy bas imagine
Qui peut estre de rare & de beau dans les Cieux:
On y voit les pourtraits des histoires des Dieux,
Les conquestes d'Amour, le pouuoir de Cyprine,
Se qu'Homere & Virgille en mille diuers lieux
Ont iamais sçeu chanter de leur bouche diuine.
Mais laissons ces tableaux viuement imitez
Et contemplons icy toutes les Maiestez
Et les perfections que vous rend la nature,
Lors nous verrons l'erreur qui nos sens a troublez:
Car seulement en vous les Dieux sont assemblez
En corps & en puissance autremēt qu'en peinture.

SONNET.

Tous ces diuers pourtraits, & ce beau paysage
   Peuuent l'esprit oysif pour vn temps contenter,
   Mais celuy qui souuent si voudroit arrester
Se repaistroit aussi de couleur & d'ombrage:
Et bien voyez ce corps, ce geste, & ce visage
   Qui nous peut presqu'au vif, la nature imiter,
   En fin l'on ny sçauroit rien de plus adiouster,
Rare en fut le Sculpteur, parfait en est l'ouurage.
Mais que nous sert d'aller à tout heure admirant
   Ce marbre qu'en Epheze on alloit adorant
   Laissant à contempler chose plus admirable?
Car si ceste statue a parlé d'autrefois
   Ce fust auec l'organe, & les esprits du diable,
   Et vous faites parler les Dieux par vostre voix.

SONNET.

Madame voyez vous ceste clere fontaine
   Qui va ces prez fleuris tous les iours arrousant,
   Venus la fit sortir quant son cœur desplaisant
Pleuroit du bel Adon la mort propte & soudaine.
Lors que dans ce Iardin seulet ie me pourmeine,
   Que ie voy le cristal de ce ruisseau luisant

F. ij

Ravy de tel obiet, alors le voy disant
Que Narcis dans ces flots encor redit sa peine.
Ce roch d'ou elle sort se peut bien comparer
　A vostre cœur de marbre, & son doux murmurer
　A ceste belle voix plus nette que son onde :
Regardant ses effets, & ceux de vos appas,
　Vous estes, il est vray, deux sources icy bas
　Elle d'vne claire eau, vous des vertus du monde.

SONNET.

Que ne peurent les yeux de l'excellent Appelle,
　Qui de l'art de pourtraire à l'honneur emporté,
　Voir ainsi que les miens vostre auguste beauté
Pour tirer le tableau d'vne chose immortelle ?
Il eut dit que Venus n'auoit pas aupres d'elle
　Tant de graces, d'appas, & tant de Maiesté,
　Le iour que le Pasteur d'vn espoir transporté
Sur le sommet du mont la iugea la plus belle.
Ce que les trois auoit de parfait & de beau
　Ce pourroit remarquer en vostre seul tableau,
　Sans les perfections dont vostre ame est pourueuë :
Si bien qu'en c'est habit luisant & gracieux,
　Vous ne paroistriez pas seulement à la veuë
　La premiere de France, ains l'vnique des Cieux.

SONNET AV ROY.

Henry la fleur des Rois, le premier de la terre,
   Aussi doux & Clement que superbe vainqueur
   Qui de tout l'vniuers fera trembler le cœur,
   Côment treblent les môts au seul bruit du tonerre.
O Monarque indompté, mais grand Dieu de la guerre,
   Dont l'œil donne aux guerriers la force & la vi-
   gueur,
   Dont le bras redoutable, & le front belliqueur
   Rend de l'ambition l'esperance de verre.
A ton auenement au secours des François
   Reuint la race antique, & le cœur de nos Rois
   Qui du monde autrefois n'auoyẽt fait qu'vn Em-
L'aigle au recit de toy doute de sa toison,   (pire.
   Si bien qu'en son vieil nid, chaudement il soupire
   Et craint qu'au lieu de Mars que tu ne sois Iason.

Sonnet à vne certaine Dame.

Masquez vous de pitié, monstrez en apparence
   Que vous auiez regret de ma captiuité,
   Quand i'estois au palais tristement arresté,
   Où sans auoir peché ie faisois penitence:
Ie ne sçaurois pourtant auoir autre creance

Que celle que ie tiens de vostre cruauté,
Vous m'en souhaittiez hors auec la liberté,
Afin de me remettre en vostre obeissance:
Vous m'aymez dites vous, non ie ne le crois pas,
Ses façons de parler sont dangereux appas,
Dequoy vous attrayez l'ame la plus rustique:
Ie vis bien que ces mots n'estoyent rien que du vent:
Car i'en ay ressenty comme lon dit souuent
Au lieu des traits d'amour, des hontes de colique.

Sonnet de la Melancolie.

Triste Melancolie en mon cœur amassee
Qui d'vn tourmēt secret me trouble nuict & iour,
Demon insatiable, ô rigoureux Vautour,
Qui ronge ma poitrine, & trouble ma pensee:
Ne te lasse tu pas de m'auoir oppressee?
Feras tu dans mon ame vn eternel seiour,
Opposant ta froideur aux flames de l'amour
Rendant mes iours estains, & sa gloire effacee?
Pourquoy me retiens tu si long temps en langueur
Me priuant de repos, d'espoir, & de vigueur
Tirāt l'eau de mes yeux, & le sang de mes vaines?
Que ne repasse tu l'Acherontide port
Pour semer l'Aconite aux infernalles plaines
Sans masquer les viuans d'vn visage de mort?

Contre vne vieille Sorciere.

Effroyable & vieille Megere
Du bas manoir la messagere,
La terreur des esprits damnez,
D'ombre & de feux enuironnez,
La premiere & triste furie
Mais de Pluton la plus cherie,
Dont l'œil peut sans plus eschauffer
Le Chien qui garde Lucifer,
Qui sur le bord Acherontide
Espois, noir, bouillant, & humide,
S'en court retroussant ses tetins
Auec ses cheueux serpentins,
Qui de rage incessamment brusle
Bauant comme vne vieille mulle,
Dis moy seul remede d'amour
Qui te fist venir l'autre iour
Sous l'habit & forme empruntée
D'vne vieille beste esdentée
Accompagné d'vn seul Demon,
Qui à son aide or te semon
Pour troubler la Court & la France?
Mais quelle estoit ton esperance
Dis le moy, m'ostant de soucy,
Ce qui te fist venir icy,

Sorciere, & folle enchantereſſe
Faſcher noſtre bonne Princeſſe?
Quoy? penſe tu, par quelque eſpoir,
La rauir & la deceuoir?
Quoy? ton maiſtre ô Sorciere infame
A il repudié ſa femme?
Car ie voy que ſans varier
Tu parles de la marier.
Dis luy qu'il ne faut plus attendre
De deſbaucher ny de ſurprendre
Pas vne de nos Deitez:
Fuyez donc faſcheux deputez,
Retournez aux Enfers luy dire
Que trop follement il aſpire,
Et qu'il ne viendroit aiſément
A ce ſecond rauiſſement.
Or donc furie inſatiable
Orſus allez vous en au Diable,
Remettant ceſte vieille peau
Au repos dedans le tombeau:
Et qu'à grand haſte tu deuale
Conter à la tourbe infernale
Comme on punit ſeuerement
Les Sorciers, & l'enchantement,
Et que ſans ta fuitte haſtee
L'on t'auroit rudement fouëttee.

Sonnet

Sonnet à la mesme vieille.

En quel obscur desert, en quelle estrange place,
  En quelle infirme part pourroit on rencontrer
  Vn Corps ou la Nature & l'art voulut monstrer
Par l'imperfection sa haine, & sa disgrace?
Ce teint iaune & ridé, le poil tout plain de crasse
  Qui pourroit aux Enfers Cerbere encheuestrer,
  Obiet qui fait l'esprit dans le tombeau r'entrer
Effrayé qu'il se void de l'horreur de sa face:
Sçachant comme elle peut chacun ensorceler
  Ie tremblois la voyant, & l'escoutant parler
  Par l'organe & la voix du Demon qui la meine:
Elle & le basilic contagieusement
  Peuuent faire mourir vn corps en vn moment
  Luy de son fier regard, elle de son haleine.

Au Sieur du Arley peintre de Madame.

Ne pense pas tout seul representer icy,
Ceste grand Deité qui nostre esprit enflame,
Il faut pour l'imiter que ie m'y trouue aussi,
Car tu peindras le corps, moy les vertus de l'ame.

K

Pour vn pourtrait de Madame.

Qui voit si beau pourtrait ceste auguste apparence
Voit tout l'honneur du monde, & l'abbregé des Cieux,
C'est le miroër de l'ame, & le plaisir des yeux,
Princesse des Vertus aussi bien que de France.

Sonnet, sur le Baptesme de Madamoiselle Henriette Catherine.

Nouuel Ange enuoyé du haut throsne des Cieux,
 Pour nous monstrent les traits de la deïté mesme,
 Lon vous batize icy, mais d'vn second Baptesme,
Car vous eustes là haut le mesme nom des Dieux.
Au point que vous naissiez Amour victorieux
 Se mit dessus le Chef vn sacré diadesme,
 Parce que vos beautez d'vne puissance extresme,
Le rendront desormais redoutable en tous lieux.
Heureux seront ceux-là, qui dés vostre venuë
 Pourront naistre auec vous, ou sans cœur ou sans veuë
 Pour ne viure orphelin d'ame & de liberté.
Vous passerez Venus, pour les beautez du monde,
 D'autant qu'elle nasquit de l'escume de l'onde,
 Et vous d'vn Ciel d'amour, de grace, & de beauté.

DISCOVRS.

Sur la mort de Monsieur de Giury.

TOut ce que l'on peut voir d'agreable en ce monde
De rare & de parfait, sur la terre & sur l'onde,
Passe deuant nos yeux comme vn trait descoché :
Dont voyant nostre erreur, alors ie me propose
Qu'aymer ce qui produit est aymer vne rose
Que l'on void à la nuict, auant le iour caché.

Hé, qui pourroit aymer ceste ennuyeuse vie,
Toute plaine d'abus à tous maux asseruie
Subiette aux accidens de nature & du sort ?
Hier viuoit Philon, guerrier incomparable,
Et celuy qui poussé d'vn propos veritable
Hier louoit sa vie, auiourd'huy plaint sa mort.

France antique seiour, des grands Rois de la terre,
Mais plustost calamité & source de la guerre,
Qui de sang & de pleurs void arroser ses champs :
N'es tu pas de fureur aueuglement guidée ?
Ne ressemble tu pas à Saturne & Medée
Qui plains de cruautez defaisoyent leurs enfans ?

Dont il nous a laissé tout remply de cholere,
De n'auoir finissant veu finir la misere
De ce triste Pays accablé de malheur :
Toutefois son renom triomphant des années,
Laisse en vollant au ciel sur les monts Pirenées

K ij

L'ennuie aux Espagnols, aux François la douleur.

 Que le siecle futur ne presume en son estre
De posseder iamais, ny moins de faire naistre
Vn corps qui de valleur soit trouué si remply,
O vous esprits errans par l'infernal Empire
A son aduenement encor pourrez vous dire,
Que le nombre des preux est du tout accomply.

 Combien durant l'ardeur de nos flames ciuilles
A il reduit par tout de chasteaux, & de villes,
Et fait plier de corps au dur faix de ses bras?
Et du sang ennemy rendu la place tainte
Comblant les vns d'amour, & les autres de crainte,
Leur donnant maintefois la vie & le trespas?

 L'Aurore auec regret se monstroit lente & pasle
Quand on vint esueiller la Maiesté royalle
Luy disant que Philon auoit l'œil obscurcy,
Son teint lors deuint glace, & son cœur tout de flame
Mesme le contre-coup qui l'attaignit en l'ame
Le remplit de vengeance, & de douleur aussi.

 Tout soudain qu'à nos yeux sa mort fut descouuerte
Chacun cogneut le mal de sa publique perte
Remplissant l'air de cris, & de tristes regrets,
Blasmant les cieux ialoux, la fortune & l'enuie,
Les vns alloyent donnans des palmes à sa vie
Les autres à sa mort luy portoyent des Cyprez.

 Nous auons bien raison de nous plaindre sans cesse

DISCOVRS. 77

Que voir le ieune Achile, animé de prouesse,
Au fort de nos malheurs à sa fin arriuer,
Rendre par nostre mort vn ennuy manifeste,
C'est bien vn sacrifice à sa pompe funeste:
Mais tort à son renom qui nous faut conseruer.

O France accoustumee aux frequentes alarmes,
Au meurtre, au feu, au sang, aux soupirs, & aux larmes,
A l'horreur des hauts cris, aux gesnes, & aux morts,
Tu diras desormais te nommant miserable
Que la mort de Philon est trop insupportable,
Et que grand fut le coup qui blessa tant de corps.

Quand tu pourras iuger la grandeur de ta perte,
Tes yeux nouueaux torrens lairront la bonde ouuerte,
Et noyeront les vallons, les plaines, & les bois,
He donc! plaignons sa fin comme nostre esperance,
Car durant ce deluge espandu par la France
Sa vie estoit la mort des prodiges François.

A la fin sa valleur, son renom & la gloire
Le rend digne entre nous d'vne eternelle histoire,
Et qu'vn sacré Laurier couronne son cercueil,
Bref nous verrons sa vie à iamais estimee,
Car ô sainte Deesse, ô belle renommee,
La mort ouurit ta bouche en luy fermant son œil.

De se braue guerrier nul icy bas n'herite,
Il emporte auec soy sa grace, & son merite,
Et nous laisse de lustre, & d'astres deuestus:

N'en cerchons plus de mesme en ce tēps où nous somes,
C'estoit l'ample miroir de la valleur des hommes,
Et le seul abbregé de toutes les vertus.
 Paris peut tesmoigner, quand son ame infidelle
Liuroit à son bon maistre vne guerre mortelle,
Combien elle a tremblé sous son nom glorieux:
Ses hauts murs esleuez s'en ressentent encore,
Et de ces braues faits dont le siecle s'honore
La marque en est sur terre, & le bruit dans les cieux.
 Par la mort de Philon, lustre de nos gendarmes,
On void porter le dueil aux lettres & aux armes,
Amour en rompt son arc, ses traits, & son flambeau,
Son funebre conuoy rend la terre dolente,
Le Ciel d'astres couuert est sa Chappelle ardante,
L'vniuers le beau temple, & nos cœurs son Tombeau.

A MONSIEVR DE LA ROQVE, SVR SES AMOVRS de Pirame, & Tisbée.

Plusieurs voulant Tisbé, & ses amours depeindre,
 Ont ignoré son mieux dans leurs mortes couleurs:
 Mais tu la peints si bien, & redis ses douleurs
Qu'elle mesme n'eust peu mieux aimer ny se plain-
Pour ce grād prix aussi le Ciel t'a voulu ceindre (dre.
 Le front de tant de myrthe, & de si belles fleurs,
 Qu'ils ne sçauroyent cacher leur honte qu'en leurs pleurs
De voir par vn Frāçois leur belle gloire esteindre.
Par le nombre parfait, parfaits sont ces Amours
 Le Subiet fut parfait, parfaits sont tes discours,
 Et celle qui les fait triompher de l'enuie:
Ta Muse les a bien artistement formez,
 Mais ma Princesse rēd leurs beaux traits animez
 Donnant à cest' Amante vne seconde vie.

       La Ferté Manceau.

A MADAME SOEVR DV ROY,
SVR LES OEVVRES DV
Sieur de la Roque.

Digne surgeon du Lis, sacré sang de nos Rois,
   Que le Ciel a produit pour restablir en France
   La Grace, le Sçauoir, la Muse, & l'Eloquence,
   Qui vostre Maiesté suiuent en tous endroits:
Qui voudra desormais d'vne diserte voix
   Entonner vn beau vers vainqueur de l'ignorāce,
   Qu'il vous offre ses vœux en telle reuerence
   Qu'aux Pegasides sœurs on faisoit autresfois.
Vostre seule faueur, sa Minerue immortelle,
   Son chant animera d'vne fureur si belle
   Qu'il pourra vaincre encor l'Erebe & ses horreurs.
La Roque en est tesmoin, de qui l'ame eschauffee
   Du seul desir d'escrire, & chanter vos honneurs
   Nous fait voir tous les iours des vers dignes
                            (d'Orphee.

          I. GROIAN.

www.ingramcontent.com/pod-product-compliance
Lightning Source LLC
LaVergne TN
LVHW020955090426
835512LV00009B/1916